Sawan

हिन्दी सुलेख

संयुक्त अक्षर

अभ्यास पुस्तिका

AF528674

स्त्री

नाम :

कक्षा : क्रमांक :

स्कूल :

सूर्य

मनोज पब्लिकेशन्स

संयुक्त अक्षरों वाले शब्द

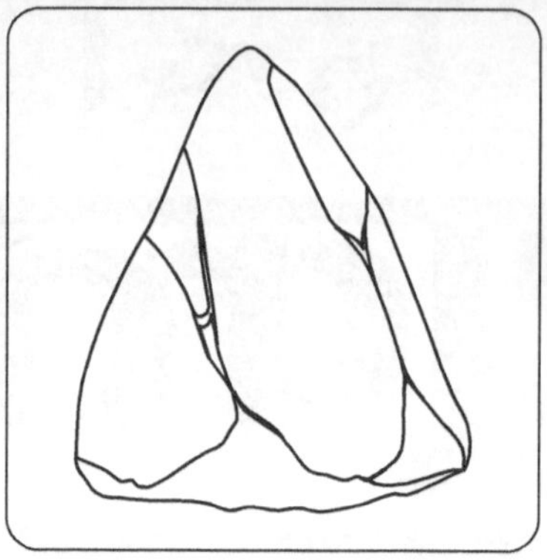

बिल्ली त्योहार पत्थर सिक्ख

बिल्ली त्योहार पत्थर सिक्ख

बिल्ली त्योहार पत्थर सिक्ख

तिथि ....
हस्ताक्षर ....

अग्नि शक्ति पत्नी ताप्ती

अग्नि शक्ति पत्नी ताप्ती

अग्नि शक्ति पत्नी ताप्ती

तिथि ....

हस्ताक्षर ....

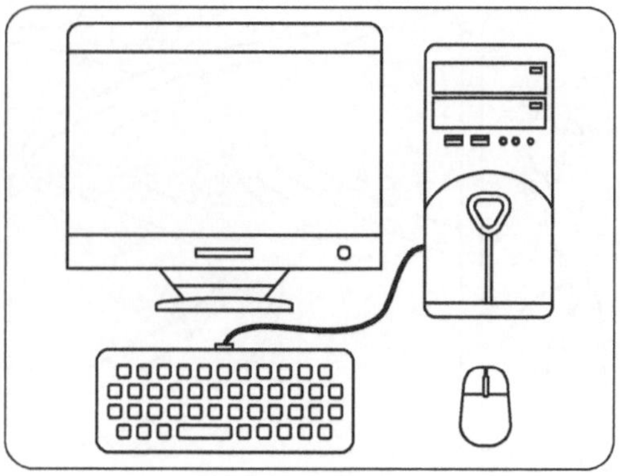  

कम्प्यूटर खच्चर शक्कर

कम्प्यूटर खच्चर शक्कर

कम्प्यूटर खच्चर शक्कर

तिथि ....
हस्ताक्षर ....

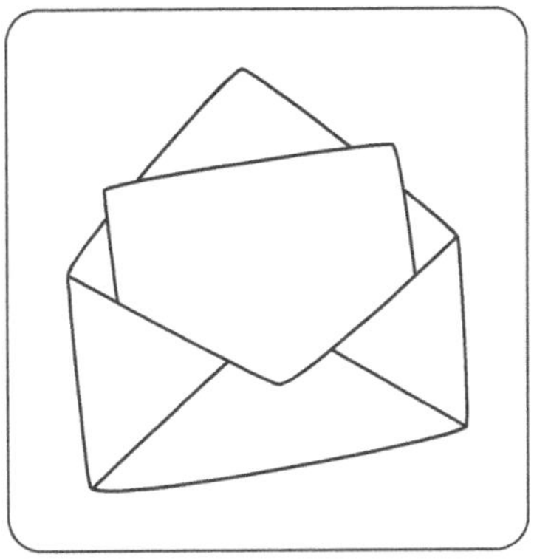   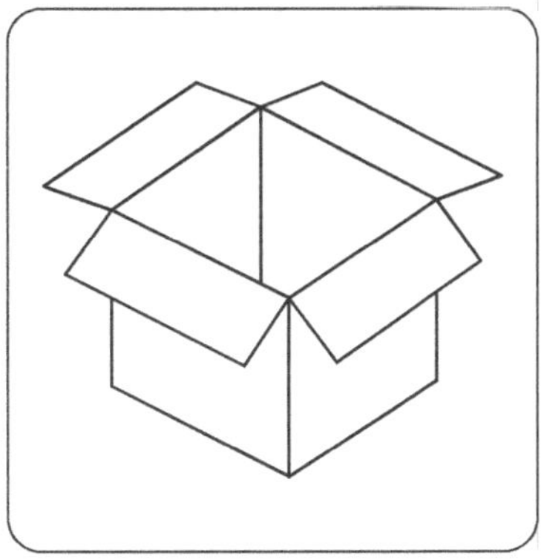

चिट्ठी गिल्ली लस्सी डिब्बा

चिट्ठी गिल्ली लस्सी डिब्बा

चिट्ठी गिल्ली लस्सी डिब्बा

तिथि ....
हस्ताक्षर ....

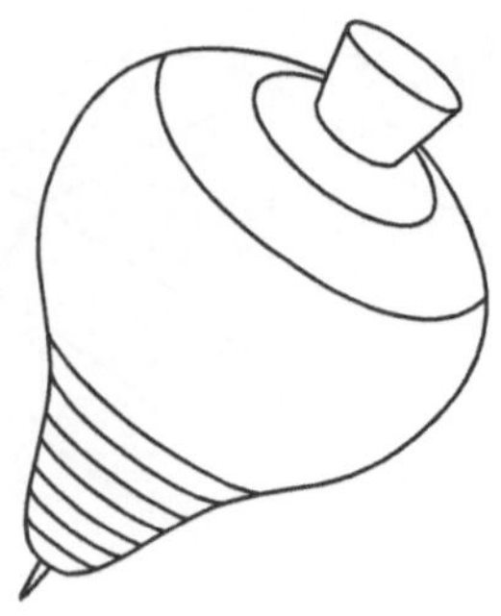 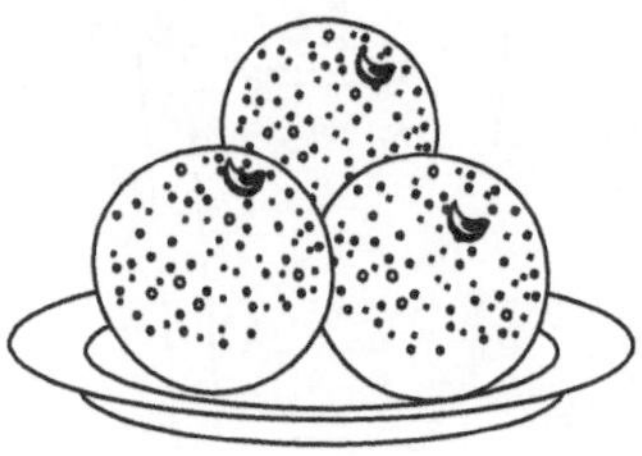  

लट्टू लड्डू मच्छर बच्चा

लट्टू लड्डू मच्छर बच्चा

लट्टू लड्डू मच्छर बच्चा

पंक्ति मन्दिर जन्तु स्नेह

पंक्ति मन्दिर जन्तु स्नेह

पंक्ति मन्दिर जन्तु स्नेह

स्नान पृथ्वी चन्द्रमा गुच्छा

स्नान पृथ्वी चन्द्रमा गुच्छा

स्नान पृथ्वी चन्द्रमा गुच्छा

तिथि ....
हस्ताक्षर ....

   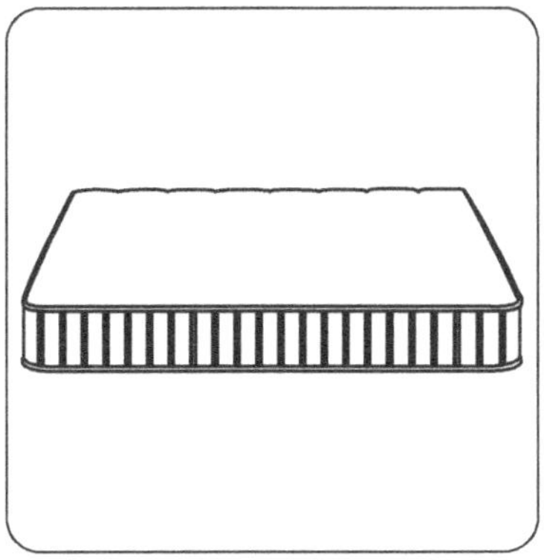

मुर्गा ज्योति हल्दी गद्दा

मुर्गा ज्योति हल्दी गद्दा

मुर्गा ज्योति हल्दी गद्दा

तिथि ....

हस्ताक्षर ....

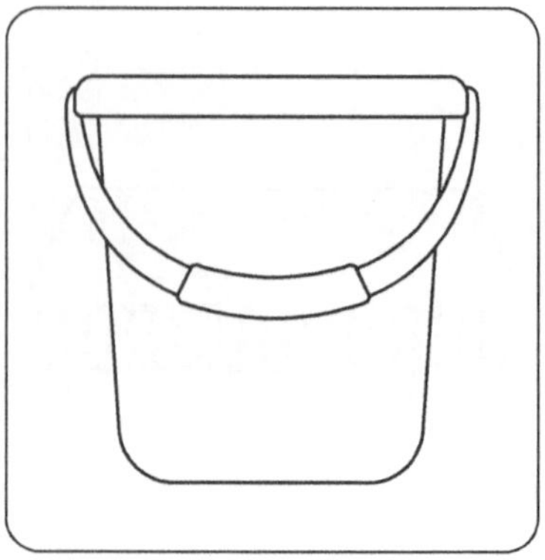   

बाल्टी स्त्री रफ्तार पुष्प

बाल्टी स्त्री रफ्तार पुष्प

बाल्टी स्त्री रफ्तार पुष्प

तिथि ....

हस्ताक्षर ....

ज्वाला गैण्डा सर्प सूर्य

ज्वाला गैण्डा सर्प सूर्य

ज्वाला गैण्डा सर्प सूर्य

तिथि ....
हस्ताक्षर ....

उल्लू छत्ता बन्दर सब्जी

उल्लू छत्ता बन्दर सब्जी

उल्लू छत्ता बन्दर सब्जी

तिथि ....
हस्ताक्षर ....

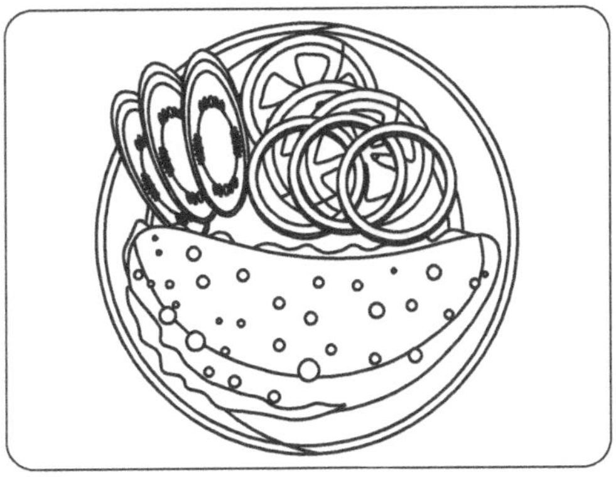
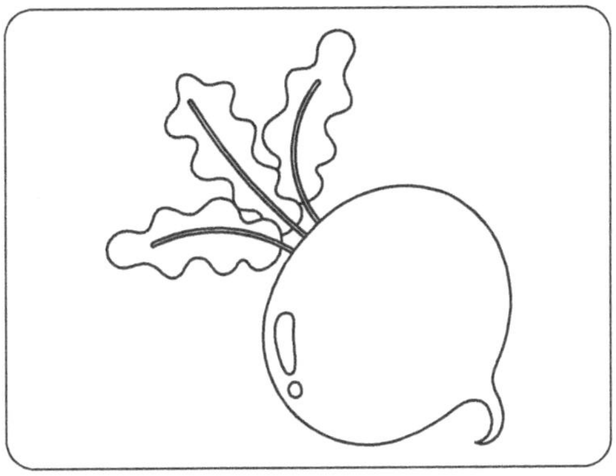
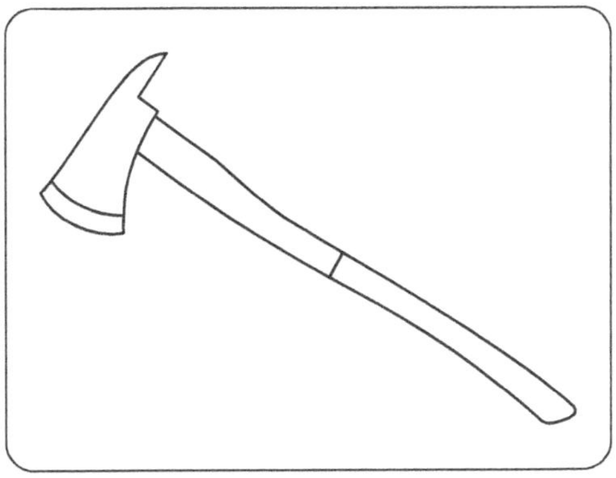

नाश्ता चुकन्दर कुल्हाड़ी

नाश्ता चुकन्दर कुल्हाड़ी

नाश्ता चुकन्दर कुल्हाड़ी

तिथि ....
हस्ताक्षर ....

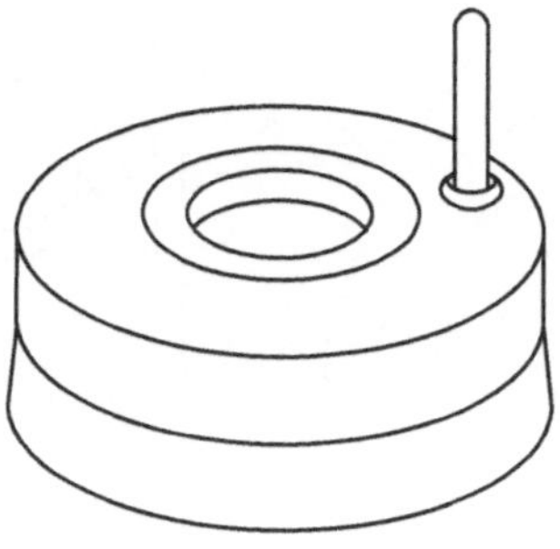

कुत्ता चक्की डॉक्टर गट्ठर

कुत्ता चक्की डॉक्टर गट्ठर

कुत्ता चक्की डॉक्टर गट्ठर

 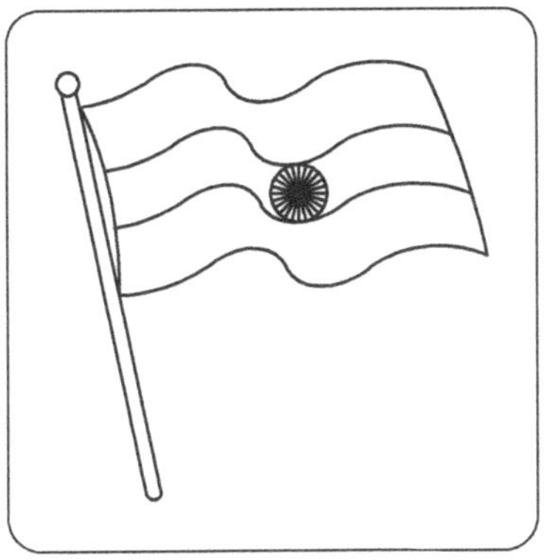 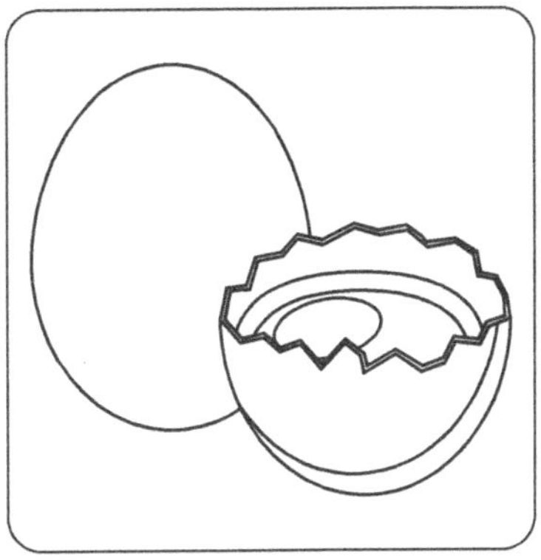 

योद्धा झण्डा अण्डा घण्टी

योद्धा झण्डा अण्डा घण्टी

योद्धा झण्डा अण्डा घण्टी

तिथि ....
हस्ताक्षर ....

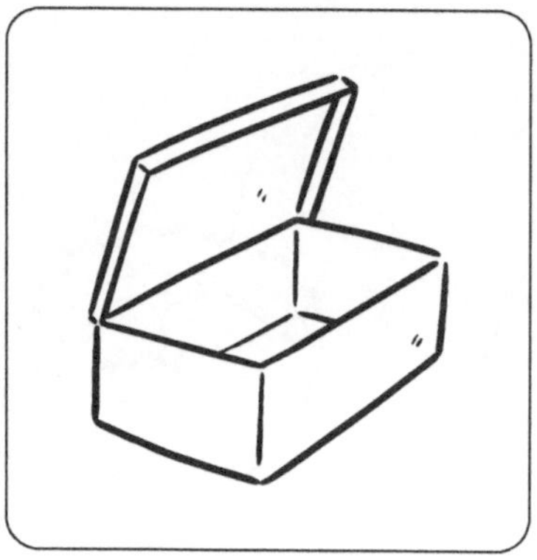

चम्मच सन्दूक भिण्डी हड्डी

चम्मच सन्दूक भिण्डी हड्डी

चम्मच सन्दूक भिण्डी हड्डी

तिथि ....

हस्ताक्षर ....

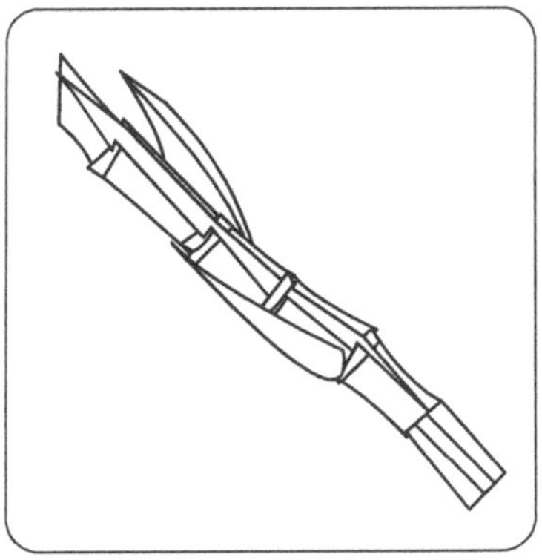

कन्या ग्रह छप्पर गन्ना

कन्या ग्रह छप्पर गन्ना

कन्या ग्रह छप्पर गन्ना

तिथि ....

हस्ताक्षर ....

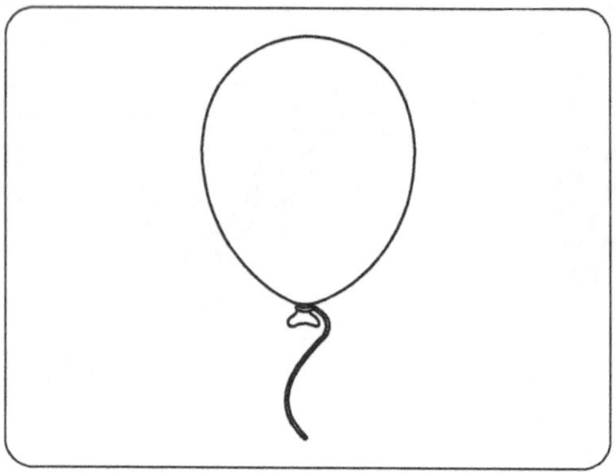  

गुब्बारा अध्यापक पुस्तक

गुब्बारा अध्यापक पुस्तक

गुब्बारा अध्यापक पुस्तक

तिथि ....
हस्ताक्षर ....

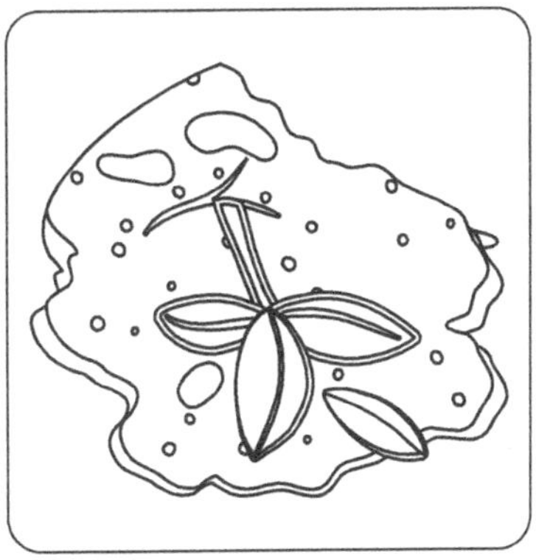

ईश्वर पर्वत मिट्टी ठण्डा

ईश्वर पर्वत मिट्टी ठण्डा

ईश्वर पर्वत मिट्टी ठण्डा

तिथि ....
हस्ताक्षर ....

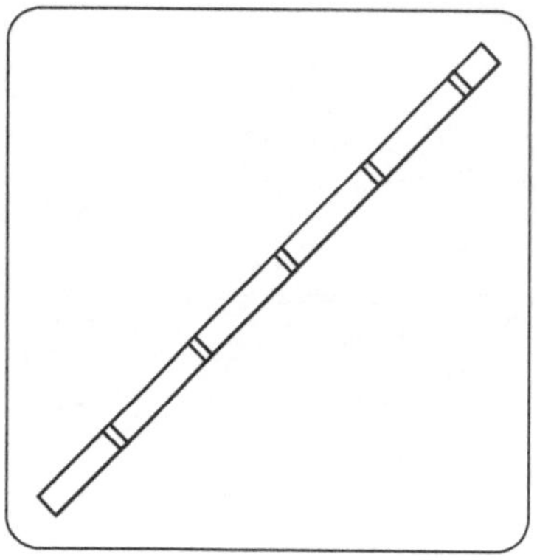

टिड्डा डण्डा पत्ता बत्तख

टिड्डा डण्डा पत्ता बत्तख

टिड्डा डण्डा पत्ता बत्तख

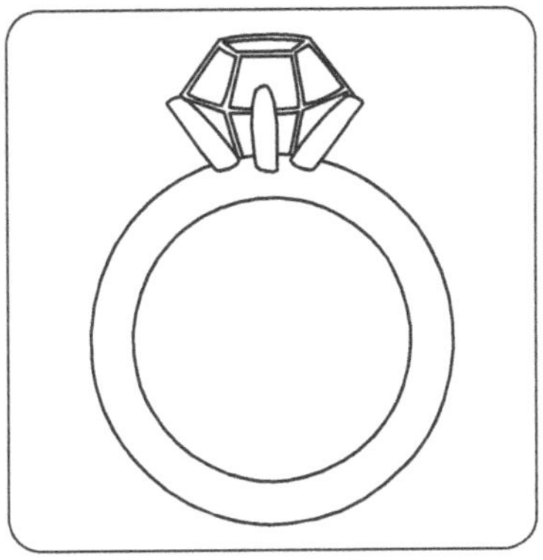

रत्न कद्दू परिन्दा प्याज

रत्न कद्दू परिन्दा प्याज

रत्न कद्दू परिन्दा प्याज

तिथि ....

हस्ताक्षर ....

 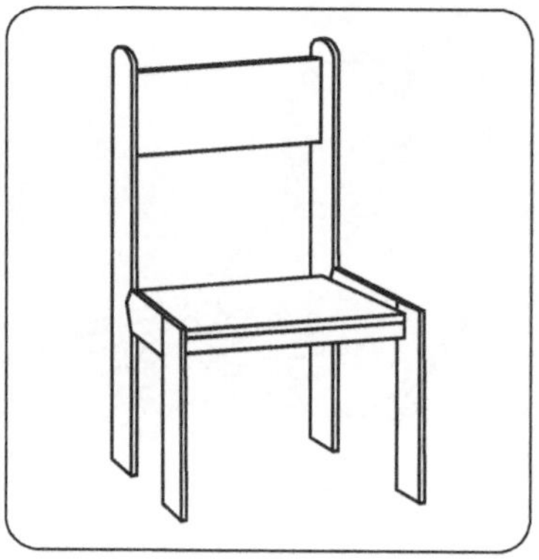 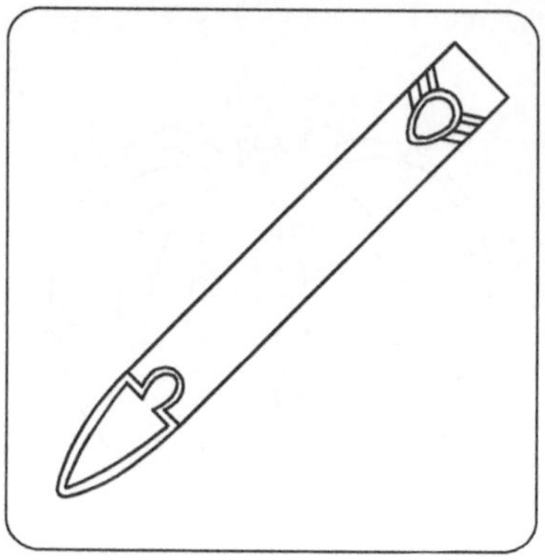 

मिर्च कुर्सी म्यान प्याला

मिर्च कुर्सी म्यान प्याला

मिर्च कुर्सी म्यान प्याला

तिथि ....
हस्ताक्षर ....

 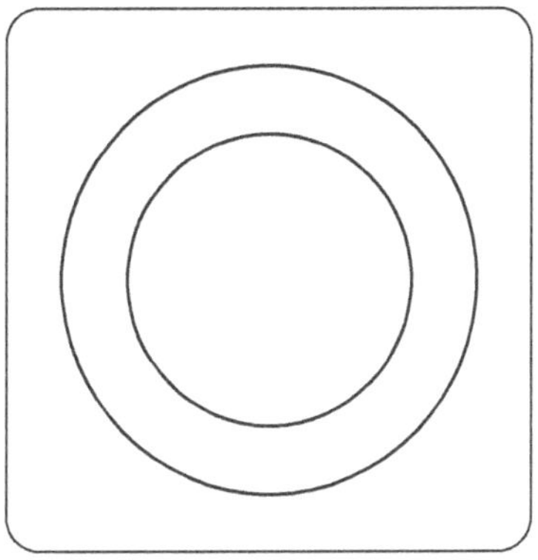 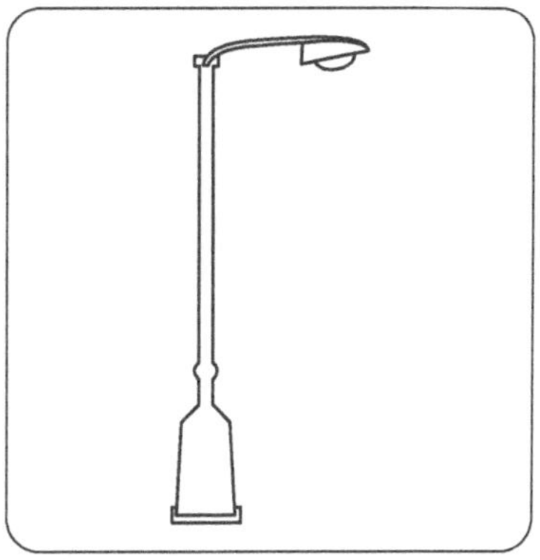 

बस्ता प्लेट खम्भा अभ्यास

बस्ता प्लेट खम्भा अभ्यास

बस्ता प्लेट खम्भा अभ्यास

तिथि ....
हस्ताक्षर ....

 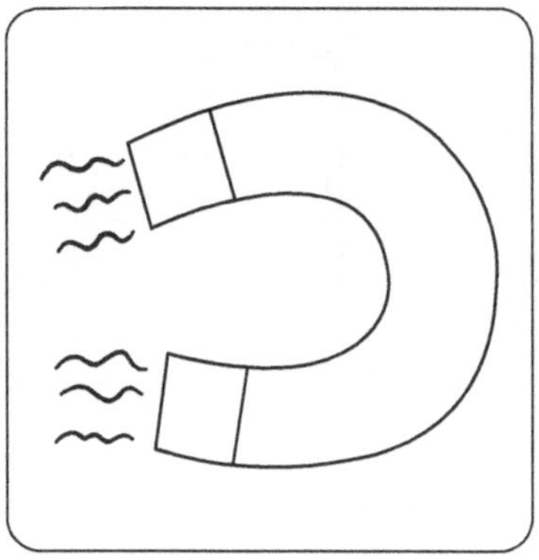  

बुड्ढा चुम्बक बर्तन वृक्ष

बुड्ढा चुम्बक बर्तन वृक्ष

बुड्ढा चुम्बक बर्तन वृक्ष

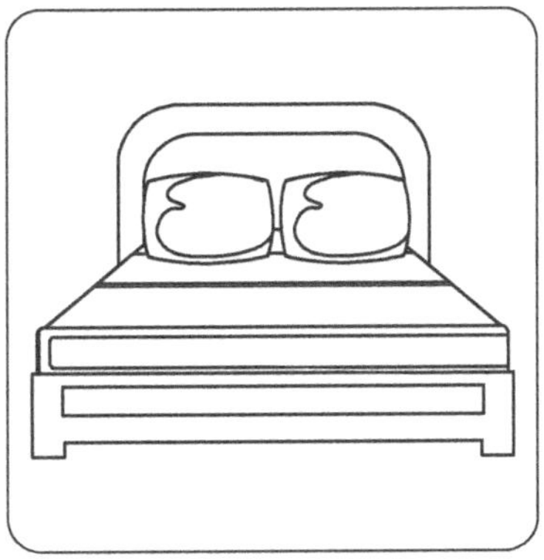

कुम्हार बिस्तर मक्का पक्षी

कुम्हार बिस्तर मक्का पक्षी

कुम्हार बिस्तर मक्का पक्षी

तिथि ....
हस्ताक्षर ....

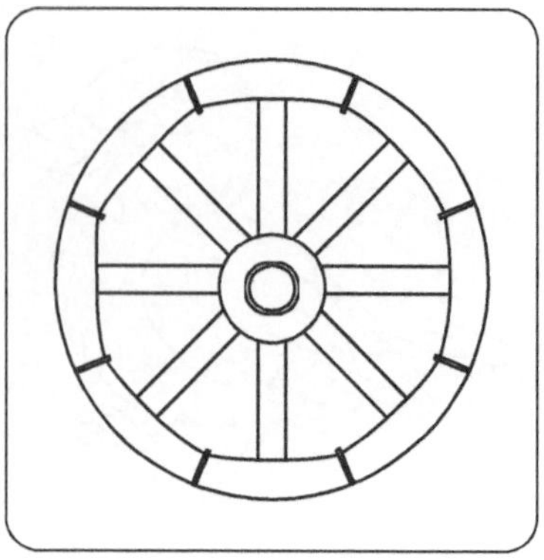

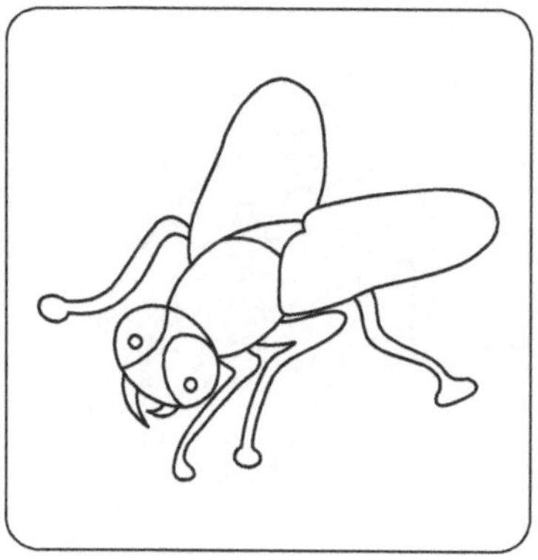

चक्का मक्खी तख्ती सन्तरा

चक्का मक्खी तख्ती सन्तरा

चक्का मक्खी तख्ती सन्तरा

तिथि ....

हस्ताक्षर ....

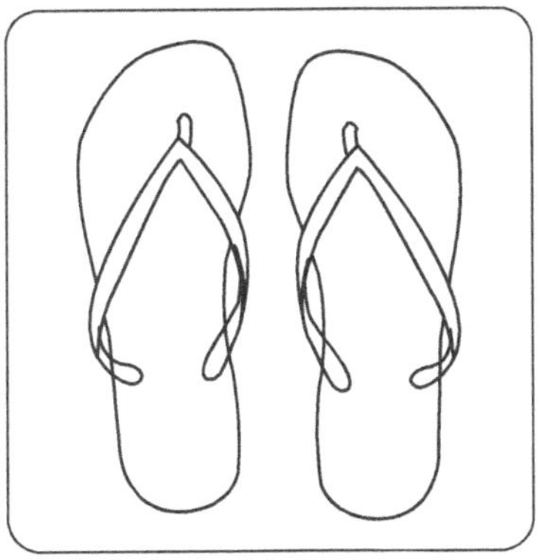   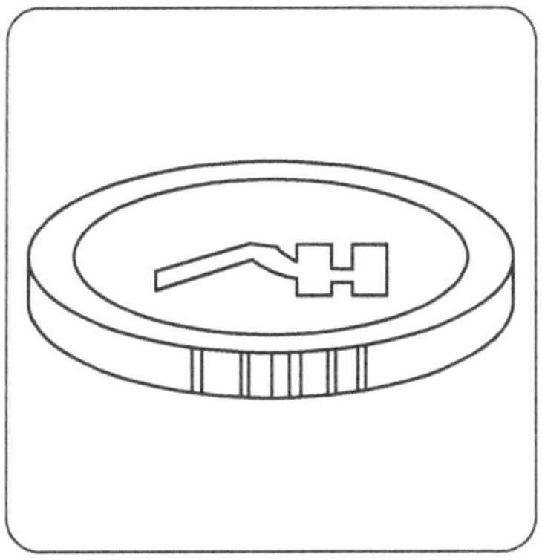

चप्पल नकशा रास्ता सिक्का

चप्पल नकशा रास्ता सिक्का

चप्पल नकशा रास्ता सिक्का

तिथि ....
हस्ताक्षर ....

11

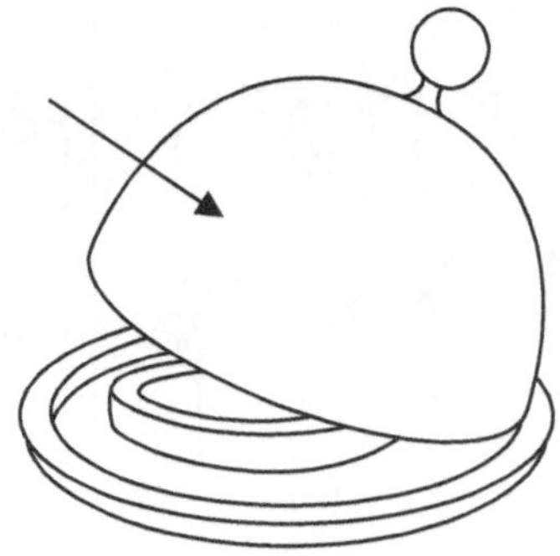

ग्यारह मक्खन ढक्कन

ग्यारह मक्खन ढक्कन

ग्यारह मक्खन ढक्कन

   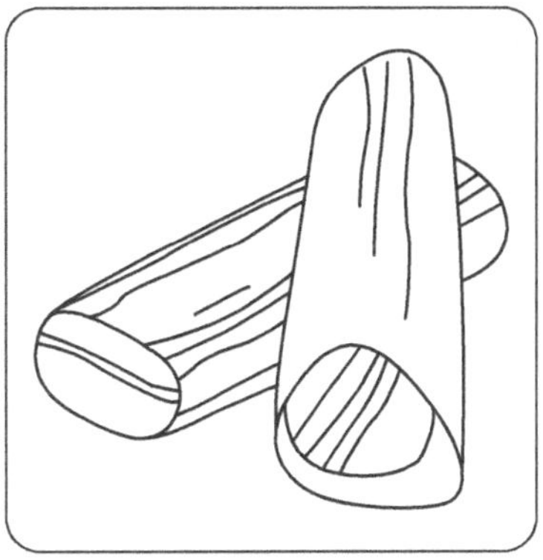

मुद्रा गिद्ध बुद्ध चन्दन

मुद्रा गिद्ध बुद्ध चन्दन

मुद्रा गिद्ध बुद्ध चन्दन

तिथि ....

हस्ताक्षर ....

प्रश्न ध्यान ग्वाला स्याही

प्रश्न ध्यान ग्वाला स्याही

प्रश्न ध्यान ग्वाला स्याही

तिथि ....
हस्ताक्षर ....

 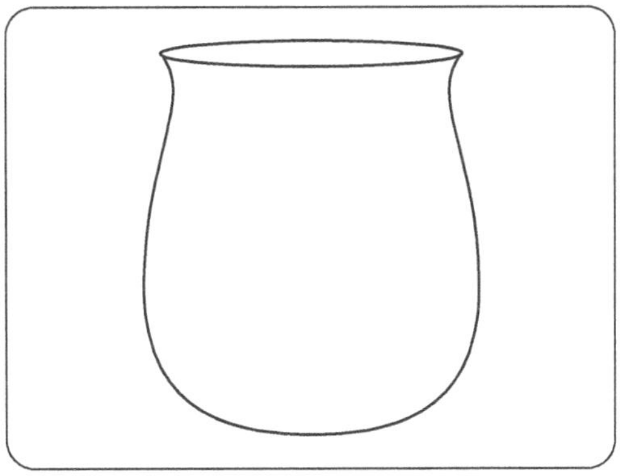 

पिञ्जरा कुल्हड़ कन्हैया

पिञ्जरा कुल्हड़ कन्हैया

पिञ्जरा कुल्हड़ कन्हैया

तिथि ....
हस्ताक्षर ....

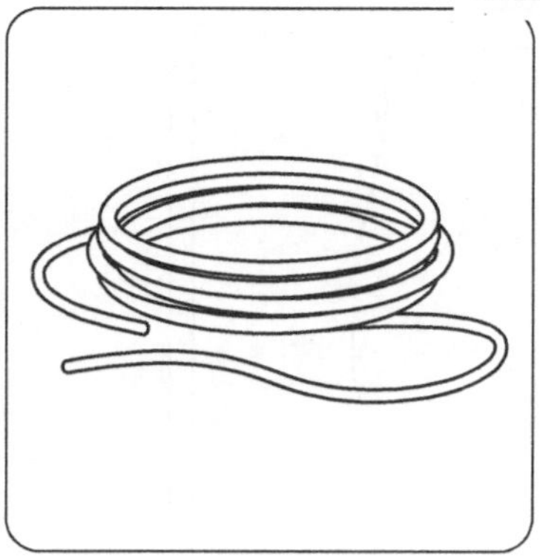

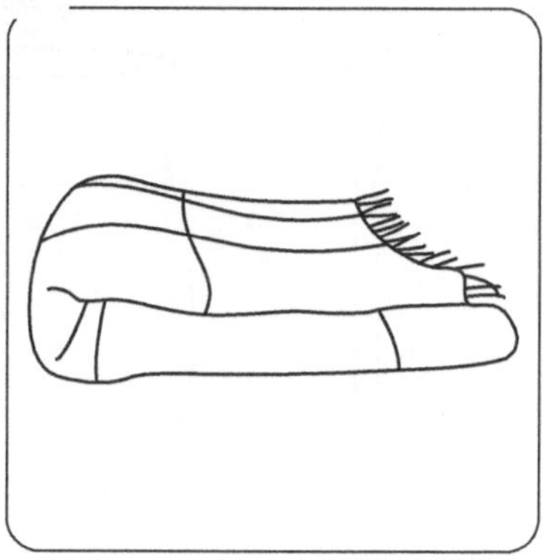

नर्स रस्सी कम्बल सन्त

नर्स रस्सी कम्बल सन्त

नर्स रस्सी कम्बल सन्त

तिथि ....
हस्ताक्षर ....